Dieses Buch gehört:

....

TAGE MIT DIR
SIND MEINE ABSOLUTEN
LIEBLINGSTAGE

Dieses Buch ist nur für dich.

Weil es wunderbar ist,
mit dir das Leben zu teilen.
Weil ich dich liebe und schätze.
Weil du mich glücklich machst,
und ich dir einfach
einige Dinge sagen wollte...

ICH LIEBE ES,
NEBEN DIR EINZUSCHLAFEN
UND AUFZUWACHEN.

UHUUU?
HUUUH.

ICH LIEBE DICH MEHR
ALS KAFFEE AM MORGEN.

DU BIST MEIN VERBÜNDETER,
MEIN BESTER FREUND,
MEIN ENGSTER VERTRAUTER
UND MEINE GROẞE LIEBE.

JEDER TAG OHNE DICH
IST EIN VERLORENER TAG.

WENN ICH AN DICH DENKE,
KRIBBELT ES IN MEINEM BAUCH UND
ICH MUSS GRUNDLOS LÄCHELN.

TAGE MIT DIR SIND MEINE
ABSOLUTEN LIEBLINGSTAGE.

DAS SCHÖNSTE GEFÜHL
DER WELT IST,
WENN DU MICH IM ARM HÄLTST.

FRITTIERTE
SONNENSTRAHLEN

MIT DIR WÜRDE ICH SOGAR
MEINE POMMES TEILEN.

ICH MÖCHTE MIT DIR DIE WELT BEREISEN, WEIL ICH MIT DIR AN MEINER SEITE ALLES ERLEBEN WILL.

ICH BIN DIR SO DANKBAR,
DASS DU IMMER FÜR MICH
DA BIST, DIR KUMMER ANHÖRST
UND MICH WIEDER ZUM
LÄCHELN BRINGST.

DU GIBST MIR DAS GEFÜHL,
ETWAS BESONDERES ZU SEIN.

ES GIBT ÜBER 7,5 MILLIARDEN
MENSCHEN AUF DER WELT.
ABER DU BIST
DER TOLLSTE VON ALLEN.

UND DANN HÖRT SICH LEBENSLANG AUF EINMAL SO ROMANTISCH AN...

MEINE LIEBLINGSFOTOS VON UNS:

DAS MÖCHTE ICH DIR UNBEDINGT NOCH SAGEN:

DAS IST MEIN ZUKUNFTSWUNSCH FÜR UNS:

Ich bin jeden Tag unendlich
dankbar für die Zeit, die ich
mit dir verbringen darf.

Es ist wunderschön, an deiner
Seite zu sein.

Ich liebe dich und die Tage
mit dir sind meine absoluten
Lieblingstage.

"Mr. & Mrs. Panda" ist ein Handmade-Unternehmen, das 2014 von Nora von Gadenstedt und ihrem Lebenspartner Tobias Pirk gegründet wurde.
Die Idee dahinter: den Menschen ein Lächeln ins Gesicht zaubern. Mr. & Mrs. Panda möchten der Welt zeigen:
Das Leben ist schön!

Also fing Nora an zu zeichnen. Sie zeichnet kleine Tiere, die Abenteuer erleben. Sie zeichnet Blumenwiesen, Berge und Glühwürmchen - eben das, was sie gerade fröhlich macht. So entstanden auch die ersten Motive für dieses Buch.

Tobi kümmert sich derweil darum, dass Noras Motive auf die verschiedensten Alltagsgegenstände kommen und in ihrem Onlineshop (www.pandaliebe.de) zu finden sind.

So erobern Tassen, Fußmatten, Postkarten, Poster, Mauspads, Stiftemappen, Handtücher und Kissen die Räume ihrer Manufaktur in Hannover.
Dass alle Produkte in der "Panda-Schmiede" von ihnen und ihren Panda-Helfern selbst hergestellt werden, ist für Nora und Tobias Ehrensache.

Alle Illustrationen sind mit viel Liebe entworfen und handgezeichnet.

2. Auflage

librics GmbH & Co. KG
Göttinger Chaussee 76
30453 Hannover
Deutschland

www.pandaliebe.de
post@pandaliebe.de

Illustration & Text: Nora von Gadenstedt

ISBN: 978-3-947391-04-2